Inhalt

AF285954

1. Vorwort

Die erste Idee einer etwas längeren und außergewöhnlichen Fliegertour kam uns Ende 2008. Wir waren kurz zuvor von einer gemeinsamen Fliegertour von Bonn-Hangelar nach Korfu zurückgekehrt und waren noch in den Bann gerissen von der monumentalen Alpenkulisse, die wir zwei Mal in 12.000 ft überquerten, von der Schönheit der vielen Inseln der kroatischen Mittelmeerküste und nicht zuletzt von der grenzenlosen Freiheit, die wir in den sechs Tagen hautnah spürten.

Die nächste Tour sollte etwas Besonderes sein, etwas, was man nicht alle Tage macht. Wir mussten also über den großen Teich! Nichts lag da näher als das Fliegerland USA. Bisher hatten wir von einigen Fliegerkameraden nur gehört, wie „easy" dort alles wäre und wie fliegerfreundlich die Amerikaner ihnen begegnet waren.

Wir wollten es selbst herausfinden, die Verlockung war einfach zu groß. Eckard und ich wollten im kommenden Jahr durch die USA fliegen!

Eckard und ich lernten uns 2006 in einer Flugschule in Bonn-Hangelar bei der Ausbildung zum Privatpiloten kennen, saßen nebeneinander im theoretischen Unterricht und interessierten uns für alles was sich in der Luft aufhalten konnte.

Ein halbes Jahr nachdem wir unseren Privatpilotenschein in der Tasche hatten, kauften wir uns gemeinsam eine gebrauchte Piper PA28-180 Cherokee, die wir auf dem Flugplatz in Bonn-Hangelar hangarierten. Nebenbei machten wir unseren Flugschein für Ultraleicht-

Flugzeuge und ergänzten unsere Privatpilotenlizenz um eine Nachtflugberechtigung.

Das Team:

- Joachim Stachelscheid
  Jahrgang 1963
  Dipl. Betriebswirt
  Geschieden
  2 Kinder

- Eckard Seeger
  Jahrgang 1965
  Dipl. Ingenieur
  Verheiratet
  2 Kinder

2. Vorbereitungen

Als wir uns konkret mit den Vorhaben beschäftigten, war uns schnell klar, dass wir im Vorfeld noch einige administrative Hürden zu überwinden hatten. Wir hatten großen Respekt davor, in einem fremden Land ein fremdes Flugzeug zu fliegen, in Englisch zu funken, mit anderen Luftfahrtkarten zurechtzukommen sowie uns mit einem neuen GPS vertraut zu machen.

Ich plante die Tour für den Herbst 2009 und erkundigte mich, was wir vorher noch alles zu erledigen hatten. Ich nutzte das Internet, um mich über geeignete Routen, die klimatischen Verhältnisse und den Ablauf der Anerkennung unserer Pilotenlizenzen zu informieren.

Hejo und Susanne hatten bereits vor einigen Jahren eine solche Tour gemacht und waren immer noch begeistert von ihrem Abenteuer. Beide luden uns zu sich zum Abendessen ein und wir hingen den ganzen Abend an ihren Lippen. Als wir einen Blick in die amerikanischen Luftfahrtkarten warfen, war uns schnell klar: Hier ist intensives Kartenstudium gefordert!

Wir wollten den Westen der USA befliegen, da diese Region am abwechslungsreichsten war und nahmen Kontakt mit einer Flugschule in Phoenix (AZ) auf. Wir konnten vor Ort eine Cessna 172 SP (Bj. 2006) mit dem neuesten GPS (Garmin 1000) chartern ... und das für nur $ 129 pro Flugstunde. Im Vergleich zu den Charterpreisen in Deutschland und bei dem günstigen $-Kurs fielen pro Flugstunde nur ein Bruchteil der Kosten an. Euphorie machte sich breit! Ein fast neues Flugzeug mit dem neuestem GPS zu vergleichsweise geringen Kosten zu chartern und bei sommerlichen Temperaturen über den Grand Canyon zu fliegen … Wahnsinn!

Wir beantragten bei der US-Luftfahrtbehörde FAA die Anerkennung unserer Pilotenlizenzen und erhielten ein *„Authentification Letter"*, das wir vor Ort bei der zuständigen Behörde vorlegen mussten.

In Essen besuchten wir einen Lehrgang über das Handling mit den GPS Garmin 1000 und vertieften unser Wissen zu Hause am PC mit der Übungssoftware.

Der spannendste Teil war natürlich die Planung der Route. Wir planten vier Hauptzielgebiete und legten die Highlights fest, die auf jeden Fall dabei sein sollten:

- Grand Canyon
- Yellowstone Nationalpark
- San Francisco
- Las Vegas

Den ganzen Sommer lang waren wir in Gedanken bei unserem Vorhaben. Hatten wir an alles gedacht? Diese Frage stellten wir uns gegenseitig immer wieder. War der Reisepass noch gültig? Wann sollen wir uns mit dem ESTA-Verfahren für die Einreise in die USA anmelden? Brauchen wir einen internationalen Führerschein, wenn wir uns vor Ort ein Auto mieten wollen? Wo kaufen wir die Adapter, damit wir Handy und Laptop in den USA laden können?

Als der Sommer 2009 in Deutschland zu Ende ging, stand unser Abenteuer kurz bevor. Freude, Ungewissheit, Abenteuerlust und Bedenken wechselten sich ab und waren ständiger Begleiter. Aber wir hatten uns gut vorbereitet und brannten darauf, dass es endlich los ging.

Tag 1
(Donnerstag, 24.09.2009)

Eckard und ich trafen uns auf dem Gleis im Kölner Hauptbahnhof, an dem der Zug zum Flughafen Düsseldorf losfahren sollte. Schon wieder kam die Frage auf: Haben wir an alles gedacht? Wir lachten beide.

Als ein Schaffner an uns vorbeiging bemerkte ich, dass der Zug bereits auf dem Gleis wartete und in einer Minute losfahren sollte. Das wäre beinah schief gegangen und dabei hatte das Abenteuer noch nicht mal richtig begonnen.

Im Düsseldorfer Flughafen setzten wir uns auf der Toilette eine Spritze gegen Thrombose und checkten am British Airways Schalter für den Flug nach London ein, der planmäßig um 10:40 Uhr losging.

Eckard hatte sein mobiles GPS Garmin 496 mit ins Handgepäck mitgenommen, um von Beginn an die gesamte Flugroute aufzuzeichnen. Dabei musste er die mobile Antenne am Fenster der Boeing 747 befestigen.

Nach fast 4 Stunden Aufenthalt in London Heathrow hob die voll besetzte Boeing 747 ab - mit Ziel Phoenix/USA. Kurz nach dem Start bemerkte eine Stewardess, dass wir irgendwas am Fenster befestigt hatten und fragte uns, ob es für den Laptop sei. Sie bat uns, den Laptop auszumachen. Wir kamen der Bitte sofort nach.

Am Sky Harbour Airport in Phoenix mussten wir uns zuerst in eine lange Warteschlange einreihen, um die

Einreiseformalitäten zu erledigen. Als ich endlich an der Reihe war, zog man mich aus der Schlange raus und zwei Herren fragten mich, ob ich irgendwelche Lebensmittel im Handgepäck habe. Ich wusste es nicht genau. Hatte ich den Apfel schon gegessen oder war er noch im Handgepäck? Die genaue Kontrolle meines Rucksacks durch das Flughafenpersonal brachte den Apfel zum Vorschein und ich musste einige Fragen über mich ergehen lassen.

Eckard war schon längst durch, konnte sich aber denken, warum ich aufgehalten wurde. Den Apfel habe ich dann nie wieder gesehen.

Als wir endlich unser ganzes Gepäck hatten und aus dem Flughafengebäude traten, liefen wir gegen eine „Hitzewand"... fast 40 Grad Celsius, aber sehr trocken. Wir fuhren mit dem Shuttle Bus einige Minuten und mieteten uns einen Leihwagen, verstauten unser Gepäck im Auto und wollten schnell zu unserem Hotel, das sich in der Nähe der Flugschule befand, wo wir die Cessna mieten wollten.

Eckards exzellenten Software-Kenntnissen ist es zu verdanken, dass uns das GPS im Mietwagen in die Nähe der Homewood Suites brachte, die wir bereits von Deutschland aus für die ersten beiden Übernachtungen gebucht hatten.

Endlich im Hotel (es war für uns durch die Zeitverschiebung von 9 Stunden immer noch derselbe Tag), genossen wir den atemberaubenden Sonnenuntergang ... der Horizont verfärbte sich in ein dunkles Orange. Wir kehrten in ein Restaurant in der Nähe ein, aßen typisch amerikanisch (Burger) und legten uns alsbald aufs Ohr.

Der Tag war wirklich lang genug!

Tag 2
(Freitag, 25.09.2009)

M it unserem Mietwagen ging es zuerst nach Scottsdale im Norden von Phoenix. Dort wollten wir in einem Office der FAA unsere Fluglizenzen anerkennen lassen. Das ganze dauerte nur eine knappe Stunde, so dass wir etwas mehr Zeit hatten für den Checkflug der Flugschule, die wir sofort danach besuchten. Die Flugschule *„Westwind Aviation"* mit ihrem großen Angebot an Mietflugzeugen liegt am Flughafen Phoenix Deer Valley. Dort erwarteten wir unsere Cessna 172 SP.

Deer Valley Airport Phoenix (AZ)

Wir wurden in der Flugschule freundlich empfangen und jeder von uns lernte seinen persönlichen Fluglehrer kennen. Wir unterhielten uns ausführlich über unsere geplante Tour, machten einen theoretischen Checkout-Test und gingen aufs Vorfeld. Jeder hatte seine eigene

Cessna 172 SP mit eigenem Fluglehrer, so dass wir parallel den praktischen Teil der Prüfung absolvieren konnten.

Joshua, mein Fluglehrer, übernahm den Funkverkehr und ich flog Richtung Süden über die City von Phoenix, machte ein paar Vollkreise, bediente das GPS Garmin 1000 und machte drei „Touch and Go" auf einem Flugplatz östlich der Stadt. Dass Joshua den Funkverkehr übernahm, stellte sich als äußerst hilfreich heraus. Ich hätte sowieso nur die Hälfte verstanden, der Dialekt war wirklich sehr gewöhnungsbedürftig. Draußen war es nach wie vor fast 40 Grad Celsius (Taupunkt minus 19 Grad Celsius) und die Sichten zum Fliegen konnten nicht besser sein (CAVOK).

Wieder zurück bei Westwind Aviation, bestätigten uns unsere Fluglehrer, dass wir sooo schlecht nun nicht fliegen würden und gaben ihr Einverständnis, den Flieger für die nächsten zwei Wochen chartern zu können.

Wir kauften im Pilot's Shop sämtliche Luftfahrtkarten und was man sonst noch so brauchte und fuhren zufrieden wieder zurück zu den Homewood Suites. Bis jetzt war alles reibungslos gelaufen, besser und schneller hätte es nicht sein können.

3.　Grand Canyon

Tag 3
(Samstag, 26.09.2009)

W ir erledigten den ganzen Papierkram bei Westwind Aviation (Chartervertrag, versch. Checklis-
ten, Bordbücher, Bedienungsanleitungen usw.), nahmen
die voll getankte Cessna 172 SP Skyhawk in Empfang
(so richtig komfortabel mit Lederausstattung und Air-
bags) und prägten uns das Kennzeichen ein:

NOVEMBER FOUR ZERO TWO TWO WHISKEY

Eckard und ich einigten uns darauf, dass Eckard zuerst
flog und ich den Funkverkehr abwickelte und navigier-
te. Es ging nach Norden und bald hatten wir die Groß-
stadt Phoenix hinter uns gelassen. Die Gegend war
ungewohnt, ziemlich karg, nur vereinzelte Bäume ließen auf Vegetation schließen. Wir stiegen kontinuierlich
auf eine Flughöhe von 9.000 ft., denn unser erster Ziel-
flughafen lag am westlichen Ende des Grand Canyon,
der nur mit einer Mindestflughöhe von 9.000 ft. überflogen werden durfte.

Es waren immer noch 35 Grad Celsius und beste Sicht-
flugbedingungen als Eckard nach 1:43 Std. nach einem
Vorbeiflug am Skywalk sicher auf dem Flugplatz
„Grand Canyon West" uns wieder festen Boden unter
den Füßen bescherte.

Skywalk über den Grand Canyon

Im Souvenirgeschäft waren mehr Leute als Souvenirs. So gingen wir nach draußen, um einen direkten Blick auf den Grand Canyon zu werfen als uns ein Mann fragte, ob wir das mit der Cessna wären. Als wir bejahten, sprach er von einer Landegebühr von $ 100, die wir zu entrichten hätten. Wenn wir allerdings eine Bustour zu den Sehenswürdigkeiten buchen würden (ca. $ 60), könne er uns die Landegebühr erlassen. Wir buchten die Bustour.

Bereits nach wenigen Minuten kamen wir zum berühmten Skywalk, eine 1,1 km über dem Abgrund schwebende Aussichtsplattform, auf der man auf Glas steht. Die Kulisse des Grand Canyon ließ an einen Adler erinnern, so dass der Name „Eagle" entstand. Die Touristen standen nur wenige Meter vom Abhang weg und fotografierten unentwegt. Eine Absperrung gab es nicht, obwohl es viele hundert Meter steil nach unten ging.

Es war schon früher Nachmittag als wir wieder mit unserer Cessna Richtung Osten starteten. Unsere Luftfahrtkarte befahl uns wieder eine Mindesthöhe von mindestens 9.000 ft, wenn wir den Grand Canyon überqueren wollten. Die nächsten 90 Minuten flogen wir über eine bizarre Landschaft, ein Naturschutzgebiet mit tiefen, abrupt abfallenden Schluchten. Die Vegetation war karg, gelegentlich waren kleinere Waldgebiete unsere Begleiter. Zum ersten Mal konnten wir die unendlichen Weiten des Landes erahnen. So sehr wir uns auch umsahen, eine geeignete Notlandemöglichkeit im Falle eines Falles war nirgendwo gegeben. Wir beobachteten ständig die Anzeigen des Motormanagements auf unserem GPS und hofften, dass der Propeller sich weiter dreht wie bisher.

Grand Canyon

Die kleine Stadt Page liegt direkt am Lake Powell, ein sehr zerklüfteter Fluss mit einer Vielzahl von Armen, der einzelne Seen bildete. Ich setzte die Cessna auf die Schwelle der Landebahn, die direkt neben der Stadt lag.

Zwei Anbieter mit Flugbenzin warteten bereits an der uns zugewiesenen Parkposition und nannten uns ihre Preise.

Die Jungs waren nett, fuhren uns sogar mit ihrem Auto in die Stadt zum „Hotel Page Boy Motel", ein kleines Hotel mit flachen Außenwohnungen, die an Baracken erinnerten. Sie waren zweckmäßig, nicht schön, aber für zwei Übernachtungen sollte es ausreichen.

Wir kühlten uns im Swimmingpool ab, sonnten uns auf den Liegen und planten bei einem kühlen Drink den nächsten Tag.

M onument Valley … da wollten wir hin. Wir erinnerten uns an Hejo´s Film, der mit seinem Flieger um die bizarren Felsen gekreist war. Nur eine knappe Stunde mussten wir Richtung Osten fliegen, doch
nach einer halben Stunde erkannten wir am Horizont
bereits die monumentalen Felsblöcke, die Hunderte
Meter nach oben ragten.

Bizarre Felsformationen im Monument Valley

Wir umkreisten die Felsen mehrmals, flogen teilweise
tief durch die Schluchten und hielten Ausschau nach
anderen Flugzeugen, die uns in die Quere kommen
könnten. Wir filmten und fotografierten die Felsen, die
je nach Lichteinfall ihre Farbe änderten. Solche Flug-
manöver wären in Deutschland unmöglich gewesen.
Wir landeten auf dem Flugplatz Kayenta, der ca. 10
Flugminuten entfernt war und legten eine kleine Ver-

schnaufpause ein. Wir wechselten die Seiten im Cockpit und flogen noch Mal durchs Monument Valley. Der Spaßfaktor war nicht zu überbieten.

Wir hatten uns vorgenommen, auch zum Bryce Canyon zu fliegen, der wiederum ca. 90 Flugminuten in nordwestlicher Richtung lag. Die Flugplatzbeschreibung verriet uns, dass der Flugplatz ca. 2,3 km über dem Meeresspiegel liegt (Elev. 7.590 ft.). Dies bedeutete, dass sich die Startstrecke deutlich vergrößern würde. Die Performance unserer Cessna war gut, wir lagen deutlich unter dem maximalen Abfluggewicht und erwarteten daher keine Probleme.

Wir stiegen mit unserer Cessna nach und nach auf 8.500 ft. und erkannten die rötlichen Gesteinsformationen des Bryce Canyon. In der Nähe war eine Aussichtsplattform für Touristen zu erkennen. Einige Touristen winkten uns zu. Wir erwiderten ihre Grüße durch leichtes Rollen um die Längsachse.

Wenige Autominuten vom Flugplatz entfernt besuchten wir ein Westerndorf, touristisch aufgewertet durch ein großes Restaurant, einige Souvenirläden und einen großen Supermarkt. Wir fühlten uns in die Zeit der Cowboys zurückversetzt, besuchten den Saloon und das Gefängnis.

Wir suchten den Schatten, denn die Temperatur war in der Mittagshitze auf 35 Grad Celsius gestiegen. Wir beobachteten amerikanische Touristen, die mit Bussen dorthin gebracht wurden und durch das Westerndorf schlenderten.

Ob die Startbahn ausreichen würde? Mit Vollgas starteten wir an der Schwelle und nach drei Viertel der Startbahn hoben wir ab, stiegen wegen der großen Platzhöhe aber nur mit 300 ft./Min.. Von oben verabschiedeten wir uns vom Westerndorf im Bryce Canyon und nahmen wieder Kurs auf Page.

Anflug auf Page in der Nähe des Lake Powell

Wir landeten ca. 30 Minuten vor Sonnenuntergang und ich fragte spontan im Flughafengebäude in Page, ob der Platz nachts geöffnet habe und ob wir einige „Touch and Go" machen könnten.

„No problem, Sir".

Es wäre nach Sonnenuntergang zwar niemand mehr da, doch landen können wir die ganze Nacht, wenn wir die Landebahn erkennen können. Die Flugplatzbeleuchtung sollten wir mit dem Funkschalter im Flugzeug aktivieren (sieben Mal drücken für maximale Ausleuchtung).

Wir hatten zwar schon von dieser Möglichkeit gehört, wollten es aber unbedingt mal selber ausprobieren.

Ich brauchte nicht lange, bis ich Eckard überzeugt hatte. Wir flogen hinein in den Sonnenuntergang und jeder machte drei ausgiebige Platzrunden um den Flugplatz. In Platzrundenhöhe filmten wir den Sonnenuntergang, und kreisten über dem Lake Powell.

Die Abschlusslandung bei Dunkelheit war schon etwas sportlicher. Die maximale Ausleuchtung begrenzte lediglich die Landebahn nach allen Seiten, so dass die Höheneinschätzung schwierig war. Wir waren aber wieder sicher unten und der bisher längste Flugtag ging zu Ende.

Unser erstes Highlight hatten wir nun schon hinter uns. Die grandiosen Canyons in Arizona und Utah mit den bizarren Felsformationen, den malerischen Lake Powell und natürlich Monument Valley hatten unseren Entdeckungsgeist noch mehr geweckt. Am nächsten Tag wollten wir das zweite große Highlight beginnen:

Auf zum Yellowstone Nationalpark nach Montana.

Mittlerweile hatten wir uns ein wenig daran gewöhnt, zum Frühstück von Styroportellern zu essen, abgepackten Sirup auf die labbrigen Toasts zu schmieren sowie Kaffee (oder was man dafür hält) aus einem Automaten zu ziehen. Wir verabschiedeten die Motorradgruppe mit ihren schweren Harley Davidson Maschinen, die ebenfalls versuchten, irgendetwas in den Magen zu bekommen und ließen uns für $ 10 von einem Bekannten der Hotelwirtin zum Flugplatz bringen.

Wir prüften noch mal die Stabilität des Bugrads, das bei den Nachtlandungen besonders beansprucht wurde und machten uns auf nach Nordosten. Dabei überflogen wir ein letztes Mal den Lake Powell und folgten seinem größten Arm.

Eckard fummelte die ganze Zeit am GPS herum, um sämtliche Features kennen zu lernen und machte Fotos, während ich die dem Flusslauf folgenden Boote beobachtete. Plötzlich durchbrach ein lautes Rauschen die Monotonie des Motorengeräuschs. Kurz darauf hörten wir laute Musik aus den Siebzigern über unsere Headsets. Eckard hatte im GPS tatsächlich Hunderte von Musikdateien gefunden, die dort gespeichert waren. Super! Wir drehten „Highway to Hell" ein und sangen mit. Bis kurz vor der Ankunft unseres ersten Zwischenstopps beschäftigten wir uns mit der Auswahl von Musik und hatten Riesenspaß dabei.

Irgendwo in Utah (genauer gesagt in Moab Grand Canyonlands) wollten wir wieder runter. Wir hatten den

Grand Canyon hinter uns gelassen und befanden uns nun in einer wüstenähnlichen Gegend mit schnurgeraden Straßen, auf denen nur ab und zu Trucks fuhren. Es war immer noch ca. 30 Grad Celsius warm als wir in Moab aufsetzten.

Flugplatzgebäude Moab West Canyonlands

Als wir ins klimatisierte Flugplatzgebäude kamen, zogen wir ein paar Drinks am Automaten und planten die nächste Etappe. Wir wurden vom Bodenpersonal als „International Flyer" identifiziert und stellten uns bereitwillig den vielen Fragen: Wo kommt ihr her? Was habt ihr vor? Wo wollt ihr hin? Mit welchem Flugzeug? usw..

Wir wollten nicht lange bleiben, denn wir hatten uns vorgenommen, heute noch Salt Lake City zu erreichen. Eckards Magen machte einige Probleme. Er hatte wohl schon seit einiger Zeit damit zu tun, aber bis jetzt konnte er es aushalten. Wir starteten hinter einem zweistrahligen Jet und flogen Steuerkurs 340, der uns direkt nach Salt Lake City bringen sollte.

Der Flug über Utah war wirklich nicht spannend. Wir flogen über wüstenähnliches Gebiet, weit und breit kein Haus, nur einsame Straßen mit sehr wenig Verkehr. Nach einer guten Stunde merkten wir, dass es langsam grüner wurde. Die Vegetation nahm zu. Der kommende Herbst hatte bereits einige Bäume verfärbt, so dass es draußen immer bunter wurde. Wir flogen durch ein schmales Tal und erkannten am Horizont schon den Salt Lake.

Anflug auf Salt Lake City

Eine Viertel Stunde vorher meldeten wir uns über Funk beim Fluglotsen in Salt Lake City an. Als wir der Stadt näher kamen, fragte der Lotse uns immer wieder, auf welchem der zahlreichen Flugplätze der Stadt wir denn landen wollten. Obwohl der Funkkontakt gut war, schien der Lotse uns nicht zu verstehen. Seine Fragen hörten nicht auf und allmählich nervte uns seine Präsenz.

Wir entschieden uns, fortan nur noch Positionsmeldungen abzugeben, reduzierten die Lautstärke des Funks und drehten mitten über der Stadt ins Endteil der Landebahn ein.

Salt Lake City

Eckards Magenprobleme hatten sich verschlimmert. Er wollte in Salt Lake City einen Arzt aufsuchen und so fragten wir nach einem Hospital. Die beiden netten Damen im Office des Flughafengebäudes waren sehr hilfsbereit, organisierten einen Leihwagen und druckten uns die Wegbeschreibung zum Hospital aus.

Während Eckard im Emergency Room des Hospitals auf den Kopf gestellt wurde, wartete ich draußen vier Stunden. Als ich gelangweilt auf dem Bordstein saß, kam ein Cop auf mich zu und fragte:

"Everything OK"?

Irgendwie nett die Polizisten!

Magenschleimhautentzündung – so die Diagnose des Arztes. Eine Sofortbehandlung ließ es Eckard wieder besser gehen. Wir kauften im Wal Mart die verschriebenen Medikamente und suchten uns in der Nähe ein Lokal. Wir wollten noch mal was Leckeres Essen. Nach dem Studium der knappen Speisenkarte entschieden wir uns für den XXL-Burger mit Pommes. „Pommes all you can eat" – natürlich!

4.   Yellowstone Nationalpark

Tag 6
(Dienstag, 29.09.2009)

Heute wollten wir den zweiten Höhepunkt in Angriff nehmen: Der Yellowstone Nationalpark!

Eckard gönnte sich eine kleine Pause vom Fliegen. Ich flog immer noch Richtung Norden, die Vegetation würde üppiger und wir überflogen zahlreiche kleine Flüsse, die sich wie Schlangen unter uns den Weg bahnten. Grün, gelb und rot waren nun die dominierenden Farben, eine willkommene Abwechslung zu der kargen Wüstenregion der letzten Tage.

Die Sichten waren top, jedoch verriet uns die Temperaturanzeige auf unserem GPS nur 35 Fahrenheit, also knapp über dem Gefrierpunkt. Binnen weniger Stunden war die Temperatur rapide gesunken.

Wir flogen westlich einer Bergkette auf den Flugplatz „West Yellowstone" zu, der jedoch hinter der Bergkette inmitten eines riesigen Waldgebietes lag. Mit 40 kt Rückenwind und einer Ground Speed von ca. 150 kt. rasten wir in den Gegenanflug.

Das Endteil dauerte ewig, die 180 PS unseres luftgekühlten Vierzylinder- Boxermotors kämpften mit dem Gegenwind.

Als wir auf dem Taxiway die Türen öffneten, blies uns eiskalter Wind ins Gesicht. Eilig suchten wie unsere Winterjacken … damit hatten wir nicht gerechnet!

„Fuel top of! riefen wir dem rothaarigen Tankwart zu, der emsig mit einem kleinen Tanklaster vor unserer Cessna rangierte.

Unsere Trolleys hinter uns her ziehend gingen wir die 5 Minuten bis zum Flughafengebäude. Nicht nur die Gegend war ziemlich abgeschieden, auch in der Abfertigungshalle war weit und breit kein Mensch zu sehen. Wir gingen zum Mietwagenschalter und fanden einen Herrn mittleren Alters vor, der uns überrascht fragte, ob wir das mit der Cessna seien. Tagelang war wohl nichts los gewesen. Wir unterhielten uns übers Wetter und dass wohl in den nächsten Tagen ein Tiefdruckgebiet erwartet würde. Er vermietete uns einen riesigen amerikanischen Van, gab uns eine Übersichtskarte der Umgebung mit allen Hotels und verabschiedete uns freundlich.

Jetzt schnell ein Hotel gesucht und dann weiter zum Yellowstone Nationalpark!

Bei klarem und sonnigem Wetter fuhren wir mit unserem Van aus westlicher Richtung in den Yellowstone Nationalpark ein. Die breit asphaltierte Straße führte uns durch ein nicht enden wollendes Waldgebiet. Die Straße säumte ein parallel verlaufender Fluss, der eine Tiefe von höchstens einen Meter hatte. Er war glasklar, von ziemlich starker Strömung und gelegentlich standen Angler mit ihren grünen Anglerhosen mittendrin und angelten Lachse.

Wir hielten an und gingen zum Flussufer, um die unberührte Natur aus nächster Nähe auf uns wirken zu lassen.

Wir hätten Stunden dort verweilen können.

Im Yellowstone Nationalpark

Wegweiser am Straßenrand verrieten uns den Zugang zu aktiven Geysiren. Ein Weg aus Holzplanken führte uns direkt zu einem Gebiet, das aussah wie ein flacher ausgetrockneter See. Immer wieder spuckten kleine Geysire Wasserfontänen bis zu einer Höhe von 10 Metern. Vereinzelte abgestorbene Bäume am Rand wiesen darauf hin, dass der Schwefelgehalt ihnen das Leben zunichte machte.

Im weiteren Verlauf beobachteten wir schmale Wasserfälle, die sich ihren Weg durch die schroffe und bewaldete Gegend bahnten. Nach einer Weile kamen wir in die Nähe des Yellowstone Lake (West Thumb). Leider kamen wir nicht direkt an ihn heran, da zu dieser Zeit zwei Zufahrtstraßen wegen Waldbrand gesperrt waren. Wir parkten am Straßenrand und sahen den See inmitten eines riesigen Waldes vor der Kulisse schneebedeckter Berge liegen … ein einzigartiges Panorama!

Weiter wollten wir nicht fahren, denn wir brauchten noch knapp zwei Stunden für den Rückweg.

Aus dem Auto heraus erkannten wir in einigen Hundert Metern eine Vielzahl am Straßenrand parkender Autos und Dutzende Menschen, die fast bewegungslos auf den Fluss starrten und fotografierten oder filmten. Wir hielten an und gingen vorsichtig zum Flussufer hinunter. Eine Hirschfamilie graste in aller Ruhe am gegenüber liegenden Ufer.

Niemand bewegte sich, um dieses einzigartige Naturschauspiel nicht zu stören. Die Jungtiere entfernten sich von ihren Eltern, wateten vorsichtig durch den Fluss und kamen zu uns herüber. Sie suchten nach Fressbarem, fanden allerdings nur vereinzelte Blätter, die sie vom Gestrüpp rupften.

Während die Jungtiere bis auf einen Meter an uns heran kamen, beobachteten Hirsch und Hirschkuh aufmerksam das Geschehen vom gegenüber liegenden Ufer aus.

Eine Hirschfamilie durchquert den Fluß

Nach unserer Rückkehr in den kleinen Ort West Yellowstone flanierten wir durch die wenigen Straßen und kamen an Blockhäusern vorbei, vor denen Büffelhäute in allen Farben zum Trocknen hingen. Der verschlafene Ort mit der „Grizzly Lounge", Männer und Frauen in karierten Holzfällerhemden, trocknende Büffelhäute.

So stellte ich mir es auch in Alaska vor. Eine vollkommen andere Welt … Natur pur!

Tag 7
(Mittwoch, 30.09.2009)

A ls ich am nächsten Morgen aus dem Hotelfenster sah, traute ich meinen Augen nicht. Ich konnte gerade mal hundert Meter gucken und dicke Schneeflocken tauchten die Landschaft in ein flächiges weiß.

„Schnee" rief ich Eckard zu, der noch im Bett lag. Eckard checkte erst mal seine Mails und wir nahmen uns für das gewöhnungsbedürftige Frühstück viel Zeit. Wir hofften auf Wetterbesserung am Nachmittag …Fliegen war heute unmöglich!

Promenade des Örtchens West Yellowstone

Wir zogen uns unsere dicken Winterjacken an und machten eine Sightseeing- und Shopping- Tour durch den kleinen Ort West Yellowstone. Es war ungemütlich kalt und nass, so dass wir in ein kleines Restaurant gingen, um uns aufzuwärmen.

30

Hatten wir einen Tag verloren? Nein! Wir holten unseren Van und fuhren in Richtung des Sees, den wir kurz vor der Landung überflogen hatten.

Es ging immer nur geradeaus Richtung Norden, gelegentlich eine kleine Seitenstraße, aber kein Haus weit und breit. Wir entdeckten am Horizont einige Straßenschilder und waren froh, dass die Zivilisation nicht mehr weit weg sein konnte. Der nächste Ort war 80 Meilen entfernt!

Eckard und ich guckten uns an. Wollen wir uns das antun? Wir fuhren dennoch weiter am See vorbei als plötzlich die Anzeige „niedriger Reifendruck" aufleuchtete. Es war klar, dass uns hier in den nächsten Stunden sowieso keiner finden würde um helfen zu können. Wir fuhren nach West Yellowstone zurück, pumpten an einer Tankstelle den Reifen wieder auf und gingen in einen kleinen Shop, um Wasserflaschen, Obst und Kekse für die nächsten Tage einzukaufen.

Wir hatten uns schon fast damit abgefunden, nichts Leckeres zu essen zu finden, als wir auf der gegenüber liegenden Straßenseite eine Pizzeria entdeckten. Das Lokal sah ganz nett aus … da mussten wir rein! An der Bar hockten Einheimische und beobachteten auf dem großen über der Theke hängenden Bildschirm ein Baseball Match. Die Pizza war lecker … geht doch!

Es war noch zu früh, um zum Hotel zurückzugehen. Daher suchten wir noch eine kleine Bar auf, um einen letzten Drink zu nehmen. Der Barkeeper war an uns interessiert und fragte uns, was wir in dieser gottverlassenen Gegend verloren hätten.

Wir kamen mit ihm ins Gespräch und verfolgten dazu wieder gemeinsam das Baseball Match, das immer wieder für Gesprächsstoff sorgte. Natürlich hatte er deutsche Vorfahren, war auch schon mal in Deutschland und wollte auch wieder dorthin, wenn er wieder ein paar Dollar gespart habe.

Irgendwann möchte ich noch einmal den Yellowstone Nationalpark besuchen, das hatte ich mir fest vorgenommen. Nachdem die beiden ersten Highlights mehr mit Natur zu tun hatten, wollten wir nun in die großen Städte. Als Nächstes stand San Francisco auf dem Programm.

Am nächsten Morgen war das Wetter wieder „flieg-bar", zwar nicht optimal, aber die Sichten waren ausreichend. Es war immer noch knapp über Null Grad Celsius. Auf unserem geplanten Kurs nach Südwesten sollte es immer besser werden. Wir starteten auf der riesigen Runway und stiegen zügig durch Wolkenlöcher, überquerten die schräg vor uns liegende Bergkuppe und nahmen Kurs auf Wells in Nevada.

Schneebedeckte Berge in Montana

Wir flogen über den Wolken, hatten aber durch die vielen Wolkenlöcher immer wieder Erdsicht. Im Norden lagen majestätisch die schneebedeckten Berge Montanas. Es war ein buntes Panorama, das sich auf dem Flug nach Nevada immer weiter entfernte. Die unendliche und wenig abwechslungsreiche Weite Utahs ließen den

Eindruck entstehen, als würden wir gar nicht voran-
kommen.

Um etwas Abwechslung zu bekommen machten wir
Tiefflüge über die Steppe Nevadas, ca. 150 ft. über
Grund. Ich beobachtete lange den Schatten der Cessna
auf dem Boden, der uns verfolgte. Nun „sahen" wir
auch unsere Geschwindigkeit.

Tankstelle in Wells

Nach fast 3 Stunden Flug landeten wir in der Nähe des
Örtchens Wells inmitten einer steppenartigen Gegend.
Es war ein unbesetzter Flugplatz, den es in den USA
sehr häufig gibt. Wir machten im Funk eine Blindmeldung, waren aber nicht sonderlich überrascht, dass uns
niemand antwortete.

Neben dem Taxiway stand eine heruntergekommene
Baracke, die lange keine Menschen mehr gesehen hatte.
Wir liefen um sie herum und kamen zu einem offenen

Schuppen, in der eine Propellermaschine ihr Dasein fristete. Erst bei genauem Hinsehen entpuppte sie sich als eine alte Ryan, mindestens 50 Jahre alt, ziemlich heruntergekommen, stark verstaubt und mit Sicherheit nicht mehr flugtüchtig. Wir packten unser Obst aus und nutzten die Cowling unserer Cessna als Tisch. Weit und breit keine Menschenseele! Etwa 10 Flugminuten entfernt lagen wieder schneebedeckte Berge. Es war immer noch kalt, vielleicht 7 Grad Celsius, aber sonnig und trocken.

Noch nie hatte ich einen solch verlassenen Flugplatz gesehen. Das brachte mich aber auf die Idee, einige tiefe Überflüge über den Platz zu machen, während Eckard das Schauspiel filmen sollte. Während Eckard am Rande der Landebahn stand und seine Videokamera auf die Cessna hielt, flog ich einer Höhe von 1 bis 2 Metern über der Piste an ihm vorbei. Danach lud ich Eckard wieder ein und wir setzten unsere Tour fort.

Aus der Steppe wurde Wüste, Nevada ist ein riesiger Sandkasten! So stellte ich mir auch einen Flug über die Sahara vor. Ein Militärgebiet lag auf unserer Route, so dass wir einen kleinen Umweg in Kauf nehmen mussten. Mitten im Nichts landeten wir in Fallon, bezogen unser Quartier in einem für Fallon City großen Hotel und planten die Route für den nächsten Tag, die uns nach San Francisco bringen sollte.

5.   San Francisco

Immer noch mit Kurs Südwest mussten wir zügig steigen, denn wir mussten die vor uns liegenden Berge überqueren. In einer Flughöhe von 9.000 ft. sahen wir am Horizont den Lake Tahoe, der 6.225 ft. über dem Meeresspiegel lag. Wir überflogen den tief blauen See und beobachteten, wie sich an der Küste kleine Boote eine Verfolgungsjagd leisteten.

Anflugkarte von San Francisco

Nun war es bis zum Pazifik nicht mehr weit. Wir reduzierten stetig unsere Flughöhe und folgten einem Highway. Ich sortierte unser Kartenmaterial, notierte mir die für den Anflug auf San Francisco einzuhaltenden Flughöhen und nahm Kontakt mit dem Lotsen „San Francisco Approach" auf. Wir flogen direkt auf die Stadt zu und erkannten am Horizont die Golden Gate Bridge. Da wollten wir drüber fliegen! Wir informierten über Funk den Lotsen über unser Vorhaben.

In einer Flughöhe von ca. 1.200 ft. durften wir die Golden Gate Bridge überfliegen. Das war genial! So hatten wir einen grandiosen Blick auf die City und die Golden Gate Bridge. Vorbei an der Insel Alcatraz flogen wir über die Golden Gate Bridge. Die Sichten waren gut, wir machten Dutzende Fotos. Hinter der Brücke nahmen wir den Umkehrkurs und flogen abermals über die Golden Gate Bridge und Alcatraz. Ein tolles Erlebnis!

Wir waren uns bewusst, dass noch nicht viele Piloten über diese Brücke geflogen sind. Seit heute gehörten wir dazu.

Golden Gate Bridge San Francisco

Der Lotse redete ununterbrochen und ich versuchte, mich per Funk abzumelden. Nach mindestens zehn vergeblichen Versuchen hatten wir bereits seinen Sektor fast verlassen. Irgendwie musste ich ihm doch mitteilen, dass wir entlang der Pazifikküste Richtung Süden nach „Half Moon Bay" weiterfliegen wollten. Ratlosigkeit machte breit. Was sollten wir tun? Vollkreise drehen und einfach weiterfliegen? Der Lotse löste unser Problem mit einer kurzen Ansage:

TWO TWO WHISKEY BYE

Eckard und ich guckten uns an und lachten. Wir waren froh die Funkfrequenz zu wechseln, denn seit fast einer halben Stunde hörten wir den Lotsen ununterbrochen reden. Er war zuständig für alle San Francisco anfliegenden Flugzeuge. Er war wirklich nicht zu beneiden.

Half Moon Bay lag direkt an der Pazifikküste an einer kleinen Landzunge. Wir kreisten in den Queranflug über einen kleinen Hafen mit einigen Sportbooten und landeten mit 15 kt. Crosswind. Hinter der Piste war wieder Wasser. Wir verzurrten die Cessna gut und ließen uns mit einem Taxi zu einer Autovermietung bringen.

Am Office der Autovermietung wartete bereits ein anderer Gast auf seinen Mietwagen, von Mitarbeitern der Autovermietung jedoch keine Spur. Wir kamen mit dem Gast ins Gespräch und er empfahl uns das Hotel „It´s Italian", das ganz in der Nähe lag.

Flugplatz Half Moon Bay an der Pazifikküste

Die Vermieterin des Zimmers wollte $ 185 pro Nacht haben. Dies wäre mit Abstand die teuerste Unterkunft gewesen. Wegen der günstigen Lage des Hotels und weil es so stilvoll eingerichtet war, begann ich zu handeln. So einigten wir uns schnell auf $ 120 pro Nacht. Geht doch!

Wir ließen unser Gepäck im Hotelzimmer und fuhren in die City von San Francisco. Es war erst gegen Nachmittag, als wir mitten in der Stadt auf die Loveparade stießen. Zehntausende geschmückte und zum Teil leicht bekleidete Individualisten mit bunten Wagen, die an einen Karnevalswagen erinnerten, fuhren mit lauter Musik über die Straßen.

Polizisten hatten alle Zufahrtsstraßen abgesperrt und auch ihren Spaß am Umzug.

Gegen Abend fuhren wir mit dem Auto über die Golden Gate Bridge, die wir heute bereits zwei Mal überflogen hatten. Wir postierten uns an der Nordseite der Brücke an einer Aussichtsplattform und fotografierten bis es dunkel wurde.

Tag 10
(Samstag, 03.10.2009)

Für heute war kein Flug geplant. Vielmehr wollten wir uns einen ganzen Tag San Francisco ansehen. Sightseeing und Shopping war angesagt!

Bei einem kurzen Stopp am Strand machte ich Bekanntschaft mit dem Pazifik, da ich die heftige Brandung unterschätzt hatte. Mit feuchter Hose und Socken suchten wir uns ein Frühstücksrestaurant auf einer Anhöhe aus, von dem aus wir einen einmaligen Blick auf eine der vielen Buchten des Pazifiks hatten.

Zuerst ging es zum Fisherman´s Wharf. Die Piers waren gut besucht, ein Souvenirgeschäft neben dem anderen. Wir folgten dem Strom der Leute bis wir an die Kaimauer kamen. Vor uns lag die Insel Alcatraz und im Westen die Golden Gate Bridge.

Alcatraz mit Golden Gate Bridge

41

Wir blieben eine Zeit lang dort und flanierten auf und ab. Wir besuchten China Town (so viel Ramsch auf einen Blick hatte ich noch nie gesehen), aßen Lobster in einem Restaurant am Pier 39 und kauften Souvenirs für die Kids zu Hause.

Die Straßen von San Francisco

San Francisco ist eine atemberaubende Stadt mit vielen Gesichtern. Ein Straßenmusikant mit dunkler Sonnebrille spielte auf seinem Saxophon und zog die Touristen magisch an. Stretch-Limousinen warteten auf wichtige Leute und die berühmten Cable Cars fuhren klingelnd im Minutentakt vorbei.

Wir konnten nur einen Teil dieser schönen Stadt sehen, waren aber glücklich, dass bis jetzt alles sehr gut gelaufen war und wir es bis hierher geschafft hatten.

Im italienischen Restaurant unseres kleinen Hotels wurde uns ein exzellentes Abendmahl serviert. So gut hatten wir in den USA noch nie gegessen! Es war ein runder Tag, wir waren zufrieden und freuten uns auf morgen. Dann sollte es wieder weiter mit dem Flieger Richtung Süden gehen.

Ein herrlicher Sonnentag weckte uns und wir sollten ideale Flugbedingungen haben.

Eigentlich hatten wir geplant, die Pazifikküste entlang Richtung San Diego zu fliegen. Doch San Francisco hatten uns noch so in den Bann gezogen, dass wir –weil es so schön war- noch einmal über die Golden Gate Bridge fliegen wollten.

Wir starteten daher wieder Richtung Norden und nach ca. 15 Minuten erreichten wir die Golden Gate Bridge. Wir überquerten sie in ca. 1.000 ft., flogen entlang der Skyline von San Francisco und drehten einen Vollkreis über Alcatraz.

Wie zwei Tage zuvor … ein tolles Erlebnis!

Wir verabschiedeten uns von San Francisco und flogen entlang der Küste Richtung Süden.

Es herrschte starker Westwind und die hohen Wellen ließen die Surfer an Land verweilen.

An der Pazifikküste

In Monterey Peninsula studierten wir an einer großen Karte die weitere Flugroute, die im Flughafengebäude hing. Es sollte Richtung Osten nach „Mammoth" gehen. Da wir allerdings vorher Berge zu überwinden hatten, mussten wir auf 12.000 ft. steigen, wenn das Wetter mitspielen sollte.

Wir wechselten wieder die Seiten im Cockpit und starteten. Ca. 30 Minuten vor geplanter Ankunft in Mammoth erkannten wir, dass die geschlossene Wolkendecke uns einen Strich durch die Rechnung machen würde. Die Wolkendecke lag auf den Bergen auf und es war nirgendwo ein blaues Loch auszumachen. Ein Weiterflug nach Osten war also nicht mehr möglich.

Wir entschieden, einen Teil der Strecke wieder zurück zu fliegen und in Merced zu landen. Von oben erkannten wir, dass die nahe gelegene Stadt ausreichend Infrastruktur für uns bereithielt.

In Merced fuhr uns ein freundlicher Flugplatzmitarbeiter mit seinem Privatauto in ein kleines Hotel, nicht sehr schön, aber zweckmäßig und preiswert.

Merced ist eine verlassene kleine Stadt irgendwo in Hinterland von Kalifornien. Zum Glück wollten wir nur eine Nacht bleiben.

Wir suchten uns ein Steakhouse in der Nähe und machten es uns dort für den Rest des Abends gemütlich.

Tag 12
(Montag, 05.10.2009)

S anta Barbara sollte unser nächstes Etappenziel sein, dort, wo die Schönen und Reichen leben. Wir wollten selbst herausfinden, warum dies so ist. Also ging es wieder Richtung Pazifik. Von der geschlossenen Wolkendecke des Vortages waren nur noch vereinzelte Cumuluswolken vorhanden, die wir in einer Höhe von 6.000 ft. überflogen. Sie ließen die Geschwindigkeit unserer Cessna deutlich werden. Wir flogen nahe an ihnen vorbei, umkreisten einige und bahnten uns so den Weg nach Santa Barbara.

Parkposition unserer Cessna in Santa Barbara

Gegen Mittag landeten wir auf dem dortigen Flugplatz. Eine Rotte einsitziger Spornrad-Tiefdecker einer Flugschule flogen unentwegt Platzrunden. Wir beobachteten jede Landung und kommentierten sie.

Im Flughafengebäude bemerkte uns ein dort wartender Berufspilot und fragte mich, wo wir herkämen. So ähnliche Fragen hatten wir nun schon öfter zu hören bekommen. Mit meiner knappen Antwort „From Germany" gab er sich nicht zufrieden. Ich erzählte ihm von unserer bisherigen Route und von dem, was wir noch vorhatten. „Great Job" kam als Zeichen des Respekts. Er wünschte uns weiterhin „Many happy landings" und gab mir zum Abschied die Hand.

Mit einem Leihwagen fuhren wir durch die Villengegend Santa Barbaras. Manche Villen lagen derart versteckt, dass wir außer einer Eingangspforte nichts sehen konnten. Die beliebteste Wohngegend war natürlich an der Pazifikküste. Von dort aus hatte man einen traumhaften Blick auf Santa Barbara und den Strand.

Die gesamte Gegend war sehr gepflegt, Hunderte von Palmen säumten die breiten Straßen und schlängelten sich parallel zu Küste. Die Vorgärten der Villen waren alle professionell angelegt, teilweise blühten exotische Pflanzen in allen Farben. Es war kaum Verkehr auf den Straßen, so dass wir ausreichend Zeit hatten, aus dem Auto heraus diese Nobelwohngegend auf uns wirken zu lassen.

Wir machten eine kleine Rast und setzten uns auf eine Bank an einem Spazierweg. Von dort aus blickten wir aufs Meer und beobachteten eine Kette vorbei fliegender Gänse, die knapp über unseren Köpfen ihre Richtung änderte. Wir grüßten unsere Kollegen und zollten ihren Flugkünsten unseren großen Respekt. Telefonisch weckte ich meine Freundin in Deutschland und fuhr anschließend zum Hafen von Santa Barbara. In einem kleinen Fischrestaurant setzten wir uns an die Theke und bestellten uns jeder eine Schüssel frisch gefangener Garnelen – ein kulinarischer Hochgenuss!

Wir ließen den sonnigen und klaren Tag ausklingen mit einem ausgedehnten Strandspaziergang. Unterwegs trafen wie nur wenige Menschen, denn es war sehr windig.

Ich spürte meinen Rücken immer mehr, der uns nach einer guten Stunde umkehren ließ. Vorsorglich hatte ich eine kleine Reiseapotheke immer dabei, so dass ich - zurück im Hafen - zwei Tabletten nahm. Wir liefen auf den Stegen im Hafen entlang und inspizierten die kleinen Yachten, die vor Anker lagen.

Nach kurzer Zeit waren die Rückenschmerzen verschwunden und ich war wieder fit – fit für das letzte große Highlight unserer Reise, das wir übermorgen erreichen wollten: Las Vegas!

Tag 13
(Dienstag, 06.10.2009)

Unser nächstes Etappenziel hieß Palm Springs. Doch zuvor wollten wir noch mitten über Los Angeles fliegen. Eckard wollte unbedingt Hollywood von oben sehen. Wir wählten die „Shoreline-Route", eine von vier möglichen Sightseeing-Routen, die quer über Los Angeles führte. Dabei mussten wir Flughöhe und Steuerkurs exakt fliegen.

Wir nahmen Kontakt mit dem Lotsen in Los Angeles auf, der uns prompt die Einfluggenehmigung in seine Kontrollzone gab.

In einer Höhe von ca. 1.500 ft. überquerten wir Los Angeles von Norden nach Süden. Eine Skyline suchten wir vergebens, die Stadt ist sehr flächig gebaut, wie an einem Reißbrett. Unter uns waren Richtung Osten bis zum Horizont nur Häuser zu sehen.

Los Angeles ist einfach nur riesig. Da hatten wir schon schönere Städte gesehen!

Die „Shoreline-Route" führte uns ab dem Hafen an der Küstenlinie entlang. Hollywood haben wir leider nicht sehen können.

Los Angeles

Plötzlich entdeckte ich in meiner 2-Uhr-Position einen vom Meer ankommenden riesigen Passagierjet, der unsere Flugroute ca. 1.000 ft. über uns kreuzte. Mein Herz schlug höher. Warum hatte uns der Lotse nicht über den ankommenden Verkehr informiert? Nach wenigen Sekunden war die Gefahr vorbei und der Jet drehte zum Anflug auf den Flughafen Los Angeles ein.

Wenige Flugminuten vor San Diego landeten wir auf dem Flugplatz McClellan Palomar und wollten einen Kaffee trinken. Ein Flugzeugmechaniker wies uns den Weg zu einem Bürogebäude. Wir fragten, ob wir einen Kaffee bekommen können und setzten uns in die Ledersessel. Eine junge Frau fragte nach unserer Nationalität und verschwand wieder.

Kurze Zeit später wurden wir in ein großes Büro geführt. Dort saß Kerstin, eine Deutsche, und begrüßte uns herzlich. Sie lebte seit einigen in den USA, da ihr Ex-Mann Pilot gewesen ist und sie ihn begleitet hatte. Sie gab uns einen Kaffee aus und wir plauderten einige Minuten.

Das war der erste direkte Kontakt zu Deutschen, den wir in den USA hatten.

Nach einer guten Stunde starteten wir wieder Richtung Nordosten auf direktem Weg nach Palm Springs. Die Wolkendecke schloss sich langsam, so dass wir nach einem blauen Loch Ausschau hielten. Nach einigen Diskussionen mit der Fluglotsin über einzuhaltende Flughöhen und Steuerkurse stiegen wir mit ca. 1.000 ft./Min. und schraubten unsere Cessna gen Himmel. Die Landschaft war öde und wenig fruchtbar. Die Zivilisation Kaliforniens schien sich auf die Pazifikküste zu konzentrieren.

Nach einer Flugzeit von 1:44 Std. setzten wir unsere Cessna genau auf die Schwelle des Flugplatzes Bermuda Dunes/Palm Springs.

Auch hier mieteten wir uns ein Auto und fuhren zum Hotel, das sich in einer großen abgesperrten Hotelanlage befand. Die Anlage war wohl bei Golfern sehr beliebt. Überall waren Hinweise auf Golfturniere, Golfplätze usw. zu sehen. Glücklicherweise hatte das sehr schön gelegene und ausgestattete Hotel einen Swimmingpool. Kurz die Badehose angezogen und rein ins kühle Nass

Die Sonne stand schon ziemlich steil, die Temperatur lag immer noch bei 28 Grad Celsius.

Abflug vom Flugplatz Bermuda Dunes/Palm Springs

Wir fuhren in die Innenstadt von Palm Springs und promenierten über den Boulevard. In einem Außenrestaurant an der Promenade stillten wir unseren Hunger mit einem großen Rindersteak mit viel Zwiebeln drauf.

Nach einem letzten Drink in einer kleinen Bar auf der gegenüberliegenden Seite fuhren wir zum Hotel zurück und freuten uns auf Las Vegas.

6. Las Vegas

Tag 14
(Mittwoch, 07.10.2009)

L AS VEGAS – wir kommen! Doch zuvor wollten
wir noch nach Lake Havasu. Hejo war auch schon
dort gewesen und empfahl uns diesen Zwischenstopp.
Wir starteten über den See und flogen über eine verlassene, ausgedörrte und leicht gebirgige Landschaft. Gegen Mittag erreichten wie Lake Havasu. In dem gemüt-
lichen Flughafengebäude mit offenem Kamin und
Hirschgeweihen an den Wänden zogen wir uns einen
Drink und planten die zweite Tagesetappe nach Las
Vegas. Wir tankten unsere Cessna ein letztes Mal voll
und rollten über den Taxiway zur Startposition.

Ein Fluss wies uns den Weg nach Las Vegas. Einige
Speed-Boote schienen dasselbe Ziel zu haben. Mit ho-
her Geschwindigkeit rasten sie nach Norden. Ca. 10
Flugminuten vor Erreichen des Flugplatzes nahmen wir
mit dem Lotsen von Las Vegas Funkkontakt auf. Er
schickte uns zuerst zum Lake Mead der bis zum östli-
chen Rand der Stadt reicht.

Der Lotse wies uns immer niedrigere Flughöhen zu, so
dass wir über dem See nur noch 1.200 ft. hoch waren.
Nun ging es Richtung Westen auf den hohen Funkturm
zu. Las Vegas lag uns zu Füßen, wieder sehr flächig
gebaut, jedoch mit einer kleinen Skyline, die sich auf
eine große Straße reduzierte.

Las Vegas

Ich hielt den vorgeschriebenen Steuerkurs ein und flog direkt auf den Turm zu. Las Vegas lag mitten in einer großen Wüste. Sie muss ebenfalls am Reißbrett geplant worden sein, denn fast alle Straßen waren rechtwinklig angeordnet. Eine Bebauungshöhe von höchstens 15 Metern wurde nicht überschritten.

Dass der Funkturm immer näher kam, irritierte mich. Hatte der Lotse noch an uns gedacht? Ich sagte zu Eckard, dass ich in höchstens 5 Sekunden nach rechts abdrehen werde, wenn der Lotse weiterhin schweigen würde.

Gerade noch rechtzeitig wies er uns einen nördlichen Kurs zu. Rechts vor uns lag nun der Airport „North Las Vegas", ein riesiger Flugplatz mit viel Verkehr. Wir genossen den tiefen Anflug über die Innenstadt von Las Vegas und machten etliche Fotos. Im Endteil packte Eckard seine Videokamera aus und filmte –wie schon so oft- meine Landung.

Als Mietwagen konnten wir nur einen großen amerikanischen Pickup bekommen. Er war zwar etwas teurer, aber der Fahrspaß mit dem 8- Zylinder-Aggregat war es wert.

Wir hatten uns schon darauf eingestellt, in Las Vegas mehr Geld für eine Übernachtung auf den Tisch legen zu müssen. Daher setzten wir uns ein Limit, das wir höchstens bereit waren, auszugeben. Wir hatten bereits überlegt, notfalls die Nacht in Las Vegas durchzumachen und die restlichen Stunden im Pickup zu schlafen, sollten wir kein erschwingliches Hotelzimmer bekommen.

Einen Stadtplan brauchten wir nicht wirklich, überall wies uns große Leuchtreklame den Weg zu einer Vielzahl von Hotels. Im ersten Hotel wollten sie kein Geld für die Übernachtung. Wir sollten lediglich Jetons im Wert $ 100 pro Person kaufen, die wir im Casino des Hotels einsetzen konnten. Dazu hatten wir aber keine Lust und suchten weiter. Kurze Zeit später kamen wir an ein großes Hotel mit rotem Teppich im Eingangsbereich und zwei Pförtnern in Uniformen, die die Eingangstüren aufhielten. Alles sah irgendwie teuer aus. Eckard meinte, wir sollten es dennoch versuchen.

An der Rezeption warteten mindestens zehn Empfangsdamen auf Gäste. Wir erkundigten uns höflich, ob für eine Nacht ein Zimmer zu haben sei. „Of course", meinte die junge Dame und grinste. „What´s the price?" erwiderte ich. „Oh, $ 39 for the room." Eckard und ich guckten uns überrascht an. Ich wiederholte: "$ 39 for the room, breakfast included?" "Yes, $ 39, but without breakfast." Wir sagten sofort zu. Wir buchten noch das

Frühstücksbuffet für $ 2,99 pro Person und deponierten unsere Rucksäcke im Hotelzimmer.

Auf zum berühmten Las Vegas Boulevard! Mittlerweile dämmerte es und wir wollten den Boulevard einmal rauf und wieder runter laufen. Wir stürzten uns ins Getümmel der Menschen. Bunte Leuchtreklame an allen Ecken mit wechselnden Motiven ließ uns immer wieder stehen bleiben.

In der Dunkelheit war der Boulevard bunt erleuchtet und Tausende von Menschen drängten sich auf beiden Seiten langsam vorwärts.

Abenddämmerung am Las Vegas Boulevard

Alle Geschäfte hatten bis tief in die Nacht geöffnet und so besuchten wir einen Shop nach dem anderen. In den Spielcasinos drängten sich die Spieler an den Tischen und Automaten. Wir setzten $ 10 beim Roulette und wenige Sekunden später waren sie weg. Genau so hatten wir uns Las Vegas vorgestellt! Eine pulsierende Metropole mit Touristen verschiedener Herkunft mitten in der Wüste Nevadas.

Am Himmel entdeckten wir eine kleine Propellermaschine, die über der Stadt kreiste. Das wäre jetzt das i-Tüpfelchen … ein Nachtflug über Las Vegas! Las Vegas muss man erlebt haben! Dort leben wollten aber keiner von uns.

Kurz vor Mitternacht machten unsere Beine nicht mehr mit. Wir versuchten unsere Eindrücke zu sortieren, aber es war schwierig. Wir fielen vor Müdigkeit ins Bett, konnten aber nicht einschlafen.

Tag 15
(Donnerstag, 08.10.2009)

Auf dem Weg zum Frühstückssaal mussten wir durch eine riesige Halle mit Hunderten von Spieltischen und einarmigen Banditen. Ich war sehr erstaunt darüber, dass bereits morgens gegen halb Acht Frauen und Männer jeden Alters immer noch (oder schon wieder) spielten.

Das „All you can eat – Frühstück" konnte sich wirklich sehen lassen! Eine riesige Auswahl verschiedener Köstlichkeiten ließ die Auswahl schwer fallen. Vier Köche bereiteten gleichzeitig frische Eierspeisen nach Wunsch, während zwei andere Köche eine halbe Sau tranchierten. Wir frühstückten ausgiebig, denn die nächste ordentliche Mahlzeit sollten wir erst abends wieder in Phoenix zu uns nehmen.

Die letzte große Etappe unserer Reise ging zu Ende. Wir verließen Las Vegas mit Steuerkurs 090 und wollten weiter nach Sedona, der vorletzte Stopp des letzten Teilstücks, bevor wir in Phoenix wieder unsere Cessna abgeben wollten.

Die westlichen Ausläufer des Grand Canyon kamen näher und wir erinnerten uns an den Beginn unserer Tour. Der Flugplatz Sedona liegt auf einem Hügel, der nach allen Seiten abfällt. Ich gab eine Blindmeldung ab und avisierte unsere Landung.

Als Eckard die Cessna ins Endteil drehte, stellte er fest, dass der Wind sich kurzfristig gedreht hatte. Nun hatten wir Rückenwind! Trotz voll gesetzter Landeklappen und ohne Schub wollte sie einfach nicht genug sinken. Irgendwie prügelte Eckard den kleinen Vogel auf die Bahn und setzte sie nach einem Drittel der Landebahn sauber aufs Hauptfahrwerk, während ich das Manöver von rechts filmte.

Der Pilot einer auf dem Taxiway wartenden Piper beobachtete unsere akrobatische Übung und startete in Gegenrichtung, nachdem wir zum Flugplatzgebäude abgerollt waren.

Einen Drink und einen Tankvorgang später bestiegen wir zum letzten Mal unsere Cessna, die uns während der gesamten Tour sehr gute Dienste geleistet hatte. Sie schnurrte wie ein Uhrwerk und bot sämtlichen Komfort für die Passagiere. Eckard nahm auf dem rechten Sitz Platz, sortierte Flugkarten, Fotoapparat und Videokamera und übernahm den Funkverkehr bis Phoenix.

Ein wenig wehmütig flogen wir die restlichen 47 Minuten Richtung Phoenix Deer Valley.

Was hatten wir nicht alles erlebt. Nun war das Ende der Reise nahe.

Wieder zurück in Phoenix (AZ)

Gegen 15:00 Uhr landeten wir auf dem Deer Valley Airport in Phoenix und stellten die *TWO TWO WHIS-KEY* auf einen Abstellplatz von Westwind Aviation. Zum ersten Mal räumten wir sie komplett leer und gingen, -das Gepäck hinter uns her ziehend und einen letzten Blick zurückwerfend- zum Gebäude der Flugschule.

Dort empfing man uns freundlich und wir nahmen in einem Büro Platz. Wir erzählten so manches Erlebnis unserer Tour, übergaben die Bordbücher und machten die Abrechnung. Wir wurden von unseren Fluglehrern mit dem Hinweis verabschiedet, dass wie jederzeit wieder herzlich willkommen seien, wenn wir Ähnliches noch mal vorhätten.

Den Abend ließen wir im Hard Rock Café in Phoenix bei lauter Musik ausklingen und telefonierten ein letztes Mal mit zu Hause.

Tag 16
(Freitag, 09.10.2009)

Der Rückflug nach London sollte erst gegen Nachmittag stattfinden. So fuhren wir noch mal mit dem Auto auf eine Bergkuppe am Stadtrand von Phoenix und sonnten uns auf der Terrasse eines Restaurants. Ein letztes Mal schweiften unsere Blicke über die trockene, heiße und vegetationsarme Gegend.

Am Flughafen Phoenix Sky Harbour kauften wir letzte Souvenirs. Die beiden in San Francisco gekauften Taschen erwiesen sich als sehr hilfreich. So packten wir noch ein wenig um, checkten ein verließen Phoenix mit einer Boeing 747, die pünktlich Richtung London abhob.

Tag 17
(Samstag, 10.10.2009)

Gegen Mittag erreichten wir London Heathrow. Im Starbuck´s Café verkürzten wir unsere Wartezeit, bis wir am frühen Abend nach Düsseldorf abhoben.

An der Bahnhaltestelle Düsseldorf Flughafen verabschiedeten wir uns. Wir hatten alles geschafft und alles richtig gemacht. Unsere Reise war zu Ende und wir bedankten uns gegenseitig für die tolle Zeit. „Jederzeit wieder. Wenn Du noch mal so eine gute Idee hast, sag Bescheid", grinste Eckard.

7. Nachwort

Mit unserer Verabschiedung an der Bahnhaltestelle in Düsseldorf ging für Eckard und mich ein Abenteuer zu Ende, an das wir uns zeitlebens erinnern werden. Wir hatten auf unserer Tour so manche Hindernisse zu bewältigen, sehr kritische Situationen blieben uns aber glücklicherweise erspart.

Trotz der guten Vorbereitung war Improvisation und Flexibilität sehr wichtig. Das Wetter spielte bis auf wenige Ausnahmen mit und die Amerikaner begegneten uns mit Freundlichkeit und Hilfsbereitschaft.

Wir hatten mit viel Neuem zu Recht zu kommen, aber wir haben es geschafft! Mit etwas Mut, guter Vorbereitung und einer großen Portion Abenteuerlust reisten wir in ein faszinierendes und abwechslungsreiches Land. Unterschiedliche klimatische Regionen (Hitze in Arizona, Schneefall in Montana) sowie einsame Wüstengebiete (Nevada) und pulsierende Metropolen (San Francisco, Las Vegas) hatten wir binnen zwei Wochen gesehen.

Eckard und ich waren ein gut eingespieltes Team. Nicht zuletzt die tolle Kameradschaft ließ unser Abenteuer ein voller Erfolg werden. In den Monaten danach verging fast kein Tag, an dem ich mich nicht an diesen Trip zurückerinnerte.

Wir waren insgesamt ca. 40 Stunden in der Luft, überflogen 7 US-Bundesstaaten (Arizona, Utah, Wyoming, Montana, Idaho, Nevada, Kalifornien) und legten eine Gesamtstrecke von ca. 7.000 km zurück.

Es war sicherlich nicht die letzte Tour, die wir beide mit dem Flieger unternommen hatten. Ich werde weiter berichten.

8.   Geflogene Route

26.09.2009   Phoenix Deer Valley (KDVT)
                  ▶ Grand Canyon West (1G4)

26.09.2009   Grand Canyon West (1G4)
                  ▶ Page Mun. Airport (KPGA)

27.09.2009   Page Mun. Airport (KPGA)
                  ▶ Kayenta (0V7)

27.09.2009   Kayenta (0V7)
                  ▶ Bryce Canyon (KBCE)

27.09.2009   Bryce Canyon (KBCE)
                  ▶ Page Mun. Airport (KPGA)

28.09.2009   Page Mun. Airport (KPGA)
                  ▶ Moab Canyonlands (KCNY)

28.09.2009   Moab Canyonlands (KCNY)
                  ▶ Salt Lake City (U42)

29.09.2009   Salt Lake City (U42)
                  ▶ Yellowstone (KWYS)

01.10.2009   Yellowstone (KWYS)
                  ▶ Wells (KLWL)

01.10.2009   Wells (KLWL)
                  ▶ Fallon Mun. (KFLX)

02.10.2009   Fallon Mun. (KFLX)
                  ▶ Half Moon Bay (KHAF)

04.10.2009	Half Moon Bay (KHAF) ▶ Monterey Peninsula (KMRY)
04.10.2009	Monterey Peninsula (KMRY) ▶ Merced (KMCE)
05.10.2009	Merced (KMCE) ▶ Santa Barbara (KSBA)
06.10.2009	Santa Barbara (KSBA) ▶ Mc Clellan Palomar (KCRQ)
06.10.2009	Mc Clellan Palomar (KCRQ) ▶ Bermuda Dunes (KUDD)
07.10.2009	Bermuda Dunes (KUDD) ▶ Lake Havasu City (KHII)
07.10.2009	Lake Havasu City (KHII) ▶ North Las Vegas (KVGT)
08.10.2009	North Las Vegas (KVGT) ▶ Sedona (KSEZ)
08.10.2009	Sedona (KSEZ) ▶ Phoenix Deer Valley (KDVT)

9. Tipps für Piloten

(1) Anerkennung der Pilotenlizenz:
Die Anerkennung der hiesigen Pilotenlizenz PPL-A
(JAR-FCL) ist sehr einfach. Frühestens sechs Monate
vor Reisantritt ist bei der FAA (www.faa.gov) ein Antrag auf Validation zu stellen. Im Antragsformular ist
der für den jeweiligen US-Bundesstaat zuständige
FSDO zu benennen.

Dieses einseitige Antragsformular ist zusammen mit

- einer Kopie des gültigen Medicals (in englisch)
  sowie
- einer Kopie des PPL-A (JAR-FCL)

per Telefax an die FAA zu senden.

Nach etwa 6 Wochen erhält man mit der Post von der
FAA ein Authentification Letter zugeschickt.

Dieses Authentification Letter ist neben dem Medical,
der Fluglizenz und dem Reisepass vor Ort beim genann-
ten FSDO vorzulegen. Der Antrag ist dort bereits bekannt. Ein persönliches Erscheinen ist Pflicht. Der
Sprachtest (english proficient) ist ein nettes Gespräch
mit dem Officer über das Vorhaben in USA oder über
unsere Körperlänge in ft. sowie Gewicht in lbs.

Der FSDO stellt vor Ort eine *„Temporary airman certi-
ficate"* aus, das ab sofort für 120 Tage gültig ist.

Es werden keine fachlichen Fragen gestellt, das Ganze ist nur ein administrativer Vorgang. Die Lizenz (lebenslange Gültigkeit) wird nach ca. 2 Monaten and die Heimatadresse geschickt.

(2) Luftfahrtkarten

Am einfachsten und preiswertesten ist der Kauf von Luftfahrtkarten in den USA (ca. $ 6 pro Karte in allen Pilot Shops). Folgende Karten sind wichtig:

- Sectional Charts
- Terminal Charts
- Pilot Guide (Vol. 1,2,3)

(3) GPS

Wir hatten ursprünglich vor, auf unser Garmin 496 die aktuelle Karte der USA zu laden. Dies ist technisch möglich, jedoch nicht ganz preiswert, da vorhandene Karten überspielt werden und nach Rückkehr die europäische Version wieder geladen werden muss. Empfehlenswert ist, auf bereits ins Cockpit eingebaute GPS-Systeme zurückzugreifen. Eine Einweisung oder Schulung in Deutschland ist an vielen Flugschulen möglich.

(4) Avgas

Der Charter von Flugzeugen geschieht meistens nass. Die Flugschulen vergüten einen festen Preis pro Gallone. Getankt wird auf eigene Rechnung (am besten mit Kreditkarte). Die Tankquittungen sind aufzubewahren und der Flugschule zu geben. Die Vergütung richtet sich nach dem festen Preis pro Gallone.

(5) Landegebühren o.ä.
Bis auf sehr wenige Ausnahmen werden keine Landegebühren erhoben. Übernachtungsgebühren ($ 5 bis $
10 pro Nacht) werden meistens erlassen, wenn man eine
Mindestmenge getankt hat.

(6) Funkverkehr
Der Funkverkehr ist oft sehr gewöhnungsbedürftig. Die
Phraseologie ist ähnlich wie in Deutschland, wird aber
oft nicht so gehandhabt. Dialekte erschweren das Verstehen sehr.

Empfehlenswert ist es auf jeden Fall, sich vorher im
Internet den amerikanischen Funkverkehr anzuhören
(www.westwindaviation.com). Ein BZF oder AZF wie
in Deutschland gibt es in den USA nicht. Mit Ausstellen
der US-Lizenz wird „english proficient" automatisch
angenommen.

(7) Mietwagen/Übernachtung
An allen Flugplätzen ist man gerne bei der Hotelsuche
behilflich. Mietwagen stehen meistens direkt am Flugplatz und können übernommen werden (Kreditkarte
wichtig). Die Preise für Hotels liegen deutlich unter den
Preisen in Deutschland.

(8) Flugplätze
Weniger frequentierte Flugplätze sind nicht besetzt.
Dies war häufig der Fall. Mit einer Blindmeldung gibt
man seine Position, Flughöhe, Steuerkurs und Absich-
ten bekannt. Intensive Luftraumbeobachtung ist dabei
sehr wichtig. Größere Flugplätze (meist mit Kontrollzo-

nen) fliegt man nach dem in Deutschland gewohnten Procedere an (Initial Call usw.). Informationen über US-Flugplätze sind im Internet inter www.airnav.com erhältlich.

Joachim Stachelscheid

Herstellung und Verlag:
Books on Demand GmbH, Norderstedt
ISBN: 978-3-8370-4113-2